1 MONTH OF
FREE
READING

at

www.ForgottenBooks.com

By purchasing this book you are eligible for one month membership to ForgottenBooks.com, giving you unlimited access to our entire collection of over 1,000,000 titles via our web site and mobile apps.

To claim your free month visit:
www.forgottenbooks.com/free421044

* Offer is valid for 45 days from date of purchase. Terms and conditions apply.

ISBN 978-0-666-21830-8
PIBN 10421044

This book is a reproduction of an important historical work. Forgotten Books uses state-of-the-art technology to digitally reconstruct the work, preserving the original format whilst repairing imperfections present in the aged copy. In rare cases, an imperfection in the original, such as a blemish or missing page, may be replicated in our edition. We do, however, repair the vast majority of imperfections successfully; any imperfections that remain are intentionally left to preserve the state of such historical works.

Forgotten Books is a registered trademark of FB &c Ltd.
Copyright © 2018 FB &c Ltd.
FB &c Ltd, Dalton House, 60 Windsor Avenue, London, SW19 2RR.
Company number 08720141. Registered in England and Wales.

For support please visit www.forgottenbooks.com

CENTRO GENERAL DE AD

GALERÍA LÍRICO-DRAMÁT

LA HIJA DEL

PRECIO: 6 RS

S. H. G.

MADRID.—1860

IMPRENTA DE CRISTOBAL G
calle de S. Vicente, núm. 52

LA HIJA DEL PUEBLO.

ZARZUELA EN DOS ACTOS,

EN VERSO, ORIGINAL

de D. Emilio Alvarez.

MÚSICA

DE DON JOAQUIN GAZTAMBIDE.

MADRID.—1860.
IMPRENTA DE CRISTOBAL GONZALEZ,
Calle de San Vicente alta, núm. 52.

La propiedad de esta zarzuela pertenece á D. Antonio Lamadrid, y nadie podrá sin su permiso reimprimirla ni representarla en los Teatros de España y sus posesiones, ni en los de Francia y las suyas.

Los corresponsales y agentes de la GALERÍA LIRICO-DRAMÁTICA son los encargados exclusivos de la venta de ejemplares y del cobro de derechos de representacion en todos los puntos.

PERSONAJES.	ACTORES.
CARMEN GONZALEZ, cigarrera. .	Doña Trinidad Ramos.
VICENTA GOMEZ, cigarrera. . . .	Doña Josefa Mora.
EL CORONEL URBINA.	Don Francisco Calvet.
ARTURO DE URBINA.	Don Manuel Sanz.
VALERIANO GONZALEZ, albañil. .	Don Tirso Obregon.
BENIGNO, barbero.	Don Tomás Galban.
LA TIA PRUDENCIA, frutera. . .	Doña Maria Bardan.

Cigarreras, vendedores y albañiles.

ACTO PRIMERO.

La escena está dividida en dos partes.—La de la derecha figura el último término de la calle de Embajadores, cuyo portillo practicable se halla en el fondo.—A su derecha, y dejando en perspectiva el espacio del barranco, la fachada principal de la fábrica de cigarros, viéndose igualmente el ángulo que dá á la calle de las Provisiones.—Enfrente de este ángulo, y formando con él la entrada de dicha calle de las Provisiones, la casa y puesto de frutas de la tia Prudencia.—A la izquierda, en primer término, la casa de Valeriano, pobre, pero aseadamente amueblada, con puerta á la calle, y otra enfrente que figura dar á las habitaciones interiores.—En segundo término la tienda de un barbero, con una vacía de muestra.

ESCENA PRIMERA.

Al levantarse el telon aparecen los VENDEDORES conduciendo cada uno en una cesta, su respectiva hacienda.—Poco despues multitud de cigarreras, saliendo de la fábrica, llenan la escena: unas compran y se marchan; otras forman grupos; gran animacion, sin cesar de salir cigarreras hasta que desaparece el coro.

MUSICA.

VENDEDORES.

— A cuarto la vara é cinta.
— Pepinos de Leganés.
— Heláa de chufas, horchata.
— Alviyito moscatel.

— Escabeche, y á probarlo.
— Quién quiée bollos?
- Agua.
- Miel.
— Jícaras, tazas y platos.
— Coloraos y dulces, eh!
   pimientos de á cuarteron.
— Cangrejos vivos, cangrej...
— Los buñuelos, calentitos,
   con azúcar, y á escoger.
— La cuajaera, muchachas,
   esto es gloria, venga usted.
— A cuarto la mata albahaca.
— Quién quiée bollos?
— Agua.
       Miel.

TODOS.
Lleve usted lo bueno, prenda,
que barato lo daré;
no desprecie usted mi hacienda;
parroquiana, venga usté.

CÁRMEN y VICENTA, llegando al puesto de la tia PRUDENCIA.

HABLADO.

VICENTA. Con que te quedas?
CÁRMEN.   Me quedo.
VICENTA. Por qué no vienes, mujer?
CÁRMEN. Iré luego.
VICENTA.   Lo prometes?
CÁRMEN. Sí.
VICENTA. Vengo á buscarte?
CÁRMEN.   Ven.

(La tia Prudencia dá una llave á Cármen, esta abre la puerta de su casa, entra, y vuelve á cerrar: se quita la mantilla y se sienta junto á una mesa, quedando abismada en honda meditacion.)

MUSICA.

Coro de cigarreras.

Al baile, muchachas,
basta de labor;
la noche es de broma,
viva el buen humor.
Amargo es el llanto,
dulce es el reir,
ahoguemos las penas
en grato festin.

Vicenta.

Nada en el mundo es mejor
que la España en que nací.
Porque mi pueblo español
dá cigarreras... así!
Verdad que sí!
Con dulce sonrisa,
con talle gentil,
con mirada altiva,
y gracia... hasta allí.
Válgame Dios!
Quien no amó á una cigarrera
aun no sabe qué es amor.
Verdad que no!
Al baile, muchachas,
basta de labor;
la noche es de broma,
viva el buen humor.

Coro.

Al baile, muchachas, etc.

(Óyese á lo lejos guitarras y bandurrias tocando una marcha.)

Vicenta.

No oís de las guitarras
el dulce puntear?

Coro.

Al baile están llamadas,

nos vienen á buscar.

(Aparecen por la derecha diez ó doce hombres formados, marchando al compás de las guitarras.)

Vicenta.

En dónde está un buen mozo
que quiera como yo?

Coro de hombres.

Todos, niña morena,
suspiran por tu amor.

(Confúndense ambos coros avanzando hasta el proscenio.)

Coro de hombres.

Quién fuera, mi paloma,
tu palomito,
para que me arrullaras
con el piquito.
Sé cariñosa;
dáme tu amante arrullo,
blanca paloma.

Cigarreras.

Yo recuerdo esta copla,
que un pajarito
me decia cantando
con el piquito:
Sé cautelosa:
guarda tu amante arrullo,
blanca paloma.

Coro de hombres.

Viva ese garbo!
viva esa sal!

Cigarreras.

Vivan los mozos
de caliá.

Vicenta.

Al baile, muchachas,
á reir, á gozar.

Todos.

Al baile, muchachas,
basta de labor;
la noche es de broma,
viva el buen humor.
Amargo es el llanto,
dulce es el reir,
ahoguemos las penas
en grato festin.

(Aléjanse lentamente al son de las guitarras, marchando los hombres de dos en dos: las mujeres los siguen en grupos.)

ESCENA II.

VICENTA.—LA TIA PRUDENCIA.—BENIGNO.

HABLADO.

BENIGNO. Chss! chss! Señora Vicenta.
VICENTA. Qué hay de nuevo?
BENIGNO. Qué ha de haber?
que el padre...
VICENTA. (Desviándole.) No quiero chismes.
BENIGNO. Pero...
VICENTA. (Dándole un empellon.) A un lado.
BENIGNO. Sopla!
PRUDENCIA. Bien!

(Benigno entra en su tienda y vuelve á salir suavizando una navaja.)

VICENTA. Qué hay de nuevo, tia Prudencia?
PRUDENCIA. Poca cosa.
VICENTA. Diga usted.
PRUDENCIA. Que el señorito pasea
como siempre: esto no es
nuevo, pero hoy un señor
muy formal, vino tambien
á preguntar por la chica.

VICENTA. Y usted no sabe...
PRUDENCIA. No sé.—
Asi... por la filiatura
de la presona, ha de ser
endevido encopetao.
VICENTA. Y no ha quedado en volver?
PRUDENCIA. Sí.
VICENTA. Vamos, será el papá
de la criatura.
BENIGNO. (Interponiéndose.) Quién?
VICENTA. Esto es lo grande! (Desviándole.) Tio posma!—
(A la tia Prudencia.)
Estoy dada á Lucifer!
porque quiero á Cármen yo,
muy de veras, está usted?
y quien la ofende me ofende:
y voy á armar un belen!
PRUDENCIA. Mujer, si son cabayeros!...
VICENTA. Ay, qué cabayeros!... Pues!
Al papá le habrán contao
que su hijo olvida el aquel
de su rango, porque quiere
á quien no debe querer.
Sabrá que ella es cigarrera,
él será conde ú marqués,
y viene á buscar á Cármen,
para... no sé para qué.—
Que no sepa nada el padre
de Cármen.
BENIGNO. (Interponiéndose.) Qué ha de saber!
VICENTA. Hombre, quién le dá á usted vela
para este entierro?
BENIGNO. (Encogiéndose de hombros, y alejándose.) Bien, bien.
PRUDENCIA. Ella tira por ahí;
la gusta lo fino.
VICENTA. Pues!

               Miste qué Dios! Si ella ha sido
               hermana de leche de
               la hija de un general;
               y borda y sabe leer:
               y tiene mucho de aquí; (Señalando la frente.)
               y en fin, vale más que él.
PRUDENCIA.   Verdad que vale.
VICENTA.   Ella tiene
               un carárte de mujer
               muy sentida; y si la faltan...
BENIGNO.   Aquí estoy yo.
VICENTA.   Quite usted.
PRUDENCIA.   Cuenta conmigo.
VICENTA.   Es preciso
               que esté usté á la mira.
PRUDENCIA.   Bien.
VICENTA.   Voy á ver la Lorenza.
               (Al marcharse Vicenta, tropieza con el coronel Urbina que sale por la derecha: ella se queda observando desde la esquina de la calle.)
BENIGNO.   Pero Vicentilla... (viendo al coronel.) Sopla!
               (Sigo la pista hasta ver...)

ESCENA III.

LOS MISMOS.—EL CORONEL URBINA.

URBINA.   (A la tia Prudencia.) Ha venido?
PRUDENCIA.   Si señor.—
               La llamo?
URBINA.   No: sabe usted
               si está sola?
PRUDENCIA.   Sola está.
URBINA.   Me basta. (Llama á la puerta de Cármen.)
PRUDENCIA.   Parece un rey!
BENIGNO.   (A la tia Prudencia, con misterio.) Chss... chss.

PRUDENCIA. Quite usted de enmedio.
VICENTA. Pues no gasta poco aquel!
(La tia Prudencia se une á Vicenta y desaparecen por la derecha.)

ESCENA IV.

CÁRMEN.—URBINA.—BENIGNO, en la calle.

CÁRMEN. Han llamado.
URBINA. (Entrando.) Usted dispense;
vengo por la última vez
á esta casa.
(Benigno, asegurándose antes que está solo, escucha por la cerradura.)
CÁRMEN. Muy honrada
Con que usted vuelva, se vé.
URBINA. Gracias: usté es muy amable.
Recuerda usted cuanto ayer
hablamos?
CÁRMEN. Sí que recuerdo.
con amistoso interés
vino usté ayer á esta casa
solicitando mi bien.
La intencion agradecí,
la cortesia estimé.
Me habló usté de su hijo Arturo:
de su amor: de su deber...
yo le hablé á usté de mi padre,
y usté me oyó con desden.
Más aun; que era un obstáculo
á mi dicha, dijo usté,
siempre que yo no quisiera
vivir separada de él.
Entre mi padre y mi amor,
jamás vacilar podré:
mi padre.
URBINA. Niña, es preciso

	pensarlo con madurez.
	Sé cuanto á un padre se debe,
	y yo soy padre tambien.
	Usted se niega... bien hecho;
	nada más añadiré.
	Loable es tal sacrificio:
	usted mereció nacer
	en más alta esfera.
Benigno.	Vaya!
Urbina.	Oh! No hay que ofenderse.—Hoy es
	nuestra posicion difícil,
	muy difícil... y no sé...
	no sé cómo hallar un medio
	que concilie...: sea usted juez.
	Usted ama á Arturo.
Cármen.	Yo...
Urbina.	No hay que sonrojarse; él
	tambien está enamorado,
	y es natural que lo esté:
	usted vale mucho.
Cármen.	Gracias.
Urbina.	Sin lisonja, vale usted.—
	Mi hijo me habló de un modelo
	de virtud, de candidez.
	Como padre cuidadoso
	quise por mí mismo ver
	si su amor exageraba...
	y vine... y qué más diré?
	yo quiero mucho á mi hijo:
	es mi existencia, es mi bien,
	y hoy veo que usted merece
	un esposo como él.
Benigno.	Bravo!
Urbina.	Salvando el decoro,
	bendeciría tal vez
	una union... que de otro modo,

no puede, no puede ser.—
La sociedad nos dá leyes...
bien conozco que es cruel...
pero el mundo...

BENIGNO.   Es claro.
CÁRMEN.   Yo...
Yo no pido nada.
URBINA.   Pues!
La pobreza y el orgullo
siempre unidos.
CÁRMEN.   Señor...
URBINA.   Eh!
Imite usted mi franqueza:
la verdad puede ofender?
Hay desigualdad de clases,
porque su padre de usted...
CÁRMEN. Mi padre...
URBINA.   Será un bendito,
un modelo de honradez:
mas su porte... sus costumbres...
un albañil... ya se vé,
quién podria hoy despojarle
de sus hábitos de ayer?
Viviendo á su lado hariamos
muy ridículo papel.
BENIGNO. Es claro.
CÁRMEN. (Con temor.) Mas la presencia
de usted no se esplica bien
hoy en esta casa.
URBINA.   Niña,
vine á cumplir un deber.
Usted cumple el suyo, siendo
hija cariñosa y fiel:
yo alejando de aqui á Arturo,
cumpliré el mio tambien.
CÁRMEN. Cómo?

Urbina.	Salgo de Madrid.
Cármen.	(Oh!) Y él tambien?
Urbina.	Tambien él.
	La ausencia es indispensable:
	de este modo lograré
	poner término á un amor
	que yo no puedo acojer.
Cármen.	(Dios mio!)
Urbina.	(Pobre muchacha!
	Me inspira tanto interés
	su dolor!...) Usted le quiere...
Cármen.	Cuanto se puede querer.
Urbina.	Es una desgracia... pero
	ya usted comprende...
Cármen.	Lo sé.
	Entre mi padre y mi amor,
	primero mi padre.
Benigno.	Bien!
Cármen.	Señor, si yo le abandono,
	quién cuidará su vejez?
Urbiña.	Abandonarle? No es eso.
	Podrá usted verle tal vez
	algun dia; y aunque es fuerza
	que vivamos lejos de él,
	proveeré á su subsistencia
	cuanto fuere menester.
Cármen.	Oh! Es imposible!
Urbina.	Hija mia,
	no tanto; piénselo usted.
	Evite usted mi partida
	que quizás no volveré.
Cármen.	Vá usted muy lejos?
Urbina.	A Italia.
Benigno.	Sopla!
Cármen.	Qué puedo yo hacer?
Urbina.	Solo usted puede evitar

    separacion tan cruel.
    Pida usted consentimiento
    á su padre, que yo sé
    que le dará, y es muy justo,
    cuando se trata del bien
    de su hija...
CÁRMEN.   Es imposible!
URBINA. Bien: entonces partiré.
    Arturo viene conmigo.
CÁRMEN. Dios mio!
URBINA.   Piénselo usté. (Se vá.)

(Vicenta y la tia Prudencia han aparecido poco antes y acechan en segundo término, desapareciendo con Urbina.)

ESCENA V.

CARMEN, sola.

ROMANZA.

 Sal de mi pecho, loca esperanza;
 bien suspirado, blanca ilusion.
 Mi pecho amante de sí te lanza,
 mas no sin llanto del corazon.
    Ay! No!
 Tú fuiste el nuncio de mi alegria,
 yo en mis sueños volaba á tí;
 ya no te alcanza la vista mia,
 la paz del alma huye de mí.
    Ay! Si!
  Perdido el dulce sueño
  de mi incesante afan,
  jamás el pecho mio
  sin pena latirá.
    Jamás!
 La noche solitaria

mis ayes contará!
No hay mas que hoy acompañe
mi triste soledad.
No hay más!

ESCENA VI.

VICENTA.—LA TIA PRUDENCIA.—BENIGNO.—CARMEN,
en su casa.

HABLADO.

BENIGNO.	Bueno vá! (Encontrándose con Vicenta.) (Sopla! me vió!)
VICENTA.	Escuche usted, don Simplicio: no tiene usted otro oficio que el de husmear?
BENIGNO.	Yo?
VICENTA.	Usted.
BENIGNO.	Yo?
VICENTA.	Han untado el carro?
BENIGNO.	A mí?
VICENTA.	Bien hace usted el oso.
BENIGNO.	Bien?
VICENTA.	Está usté espiando?
BENIGNO.	A quién?
VICENTA.	Qué hacia usted aquí?
BENIGNO.	Aquí?
VICENTA.	Se va usté á quedar conmigo?
BENIGNO.	En dónde?
VICENTA.	Valiente humor! Le han hecho á usté intreventor de esta casa, buen amigo? Sirve usted ya de tercera?
BENIGNO.	Sopla!

Vicenta.	No es usted soplon?...
	Lo que es usté es un falton...
	pero cómo? de primera.
Benigno.	Vicenta...
Vicenta.	Quite usté allá.—
	(Expresando con el gesto que aceche á Benigno.)
	Tia Prudencia...
Prudencia.	No hay de qué.
Benigno.	Vicentilla...
Vicenta.	Quite usté!
Benigno.	(Entrando en su casa muy contento.)
	Bueno! Bueno! Bueno vá!

ESCENA VII.

CARMEN.—VICENTA.

Vicenta.	(Poniendose en jarras delante de Cármen.)
	Qué ha habido aqui?
Cármen.	Nada ha habido.
Vicenta.	No soy yo tu amiga?
Cármen.	Si.
Vicenta.	Pues vas á contarme á mí
	la verdad del sucedido.
	Tú has llorado.
Cármen.	No.
Vicenta.	Has llorado.
	Y lloras aun... por mi nombre!
	Aqui ha estado á verte un hombre...
	ese hombre te ha faltado?
Cármen.	Al contrario... si supieras....
Vicenta.	Quién es?
Cármen.	El padre de Arturo.
Vicenta.	Y qué?
Cármen.	Callarás?
Vicenta.	Seguro.

Cármen.	Bendice mi amor.
Vicenta.	De veras?
	Cármen, mira que te engaña.
Cármen.	Quiere casarnos.
Vicenta.	Quedria!...
	El casarte!...—Cualquier dia
	me larga á mí esa castaña.
	Quién te quiere, Cármen?
Cármen.	Tú.
Vicenta.	Eres tu mi amiga?
Cármen.	Yo.
Vicenta.	Miento yo en el mundo?
Carmen.	No.
Vicenta.	Pues oye por tu salud.
	Cármen, tú faltas aquí
	te vas á comprometer.
	Si es verdad ese querer,
	no tienes tú un padre, dí?
Cármen.	Pero...
Vicenta.	Cármen desconfía;
	Cármen, no me pongas pero:
	mira, Cármen, que te quiero
	igual que á una hermana mia.—
	Chica.... dudo, francamente.
Cármen.	Por qué?
Vicenta.	Oye mi decir.
	Cuando yo tengo un sentir,
	lo publico frente á frente.
	Que os quereis... aunque asi sea.
	El nada puede perder;
	quien pierde aqui es la mujer,
	estás? Entiende mi idea.
	Porque mi preposicion
	es esta: que tú le quieres...
	y él es muy rico... y tú eres

Y él tendrá amores; y añide
que al primer salto de mata,
por alguna aristocráta
es muy fácil que te olvide.
Porque el padre es un fantástico:
y el hijo...—Cármen.... perdona;
mas qué has visto en su persona,
si parece un escolástico!

CÁRMEN. Vicenta...!
VICENTA.   Te falto?... Bien.
Yo te he dicho esa razon
sin maliciosa expresion:
mas ya que te ofendo... amén.

CÁRMEN. No me ofendes: pero ignoras
cuánto le quiero?
VICENTA.   Cabal!
(Con ironia.) Viva la gracia!—Haces mal.
Lloras?... Cármen, por qué lloras?
No soy tu hermana? Perdona.....
pero qué te falta aqui?
No tienes tú un padre, dí,
que se mira en tu presona?
Malhaya tu buen querer
si de ese modo le dás!
A quién debes querer más
que al padre que te dió el ser?

CÁRMEN. Calla por Dios!
VICENTA.   Cármen mia,
perdon... dije mi sentir:—
Ea, te vás á venir
ahora en mi compañía.

CÁRMEN. Dónde?
VICENTA.   Quiero convidarte.
CÁRMEN. Déjame.
VICENTA.   Quiá! No te dejo:
vaya, sigue mi consejo,

	y ven á espavorizarte.
CÁRMEN.	Mujer...
VICENTA.	Y convite lino.
	Hoy es sábado... hay de qué.
	Tomaremos un café,
	y copa de marrasquino.
CÁRMEN.	Pero si...
VICENTA.	(Poniéndola la mantilla.) Qué hermosa eres!
	Vaya un talle principal!
	Olé! Que viva esa sal!
CÁRMEN.	Qué local...
VICENTA.	Un beso! Me quieres?
CÁRMEN.	Vicenta! (Besándola.)
VICENTA.	Te quiero tanto!
CÁRMEN.	Es cerca?
VICENTA.	Tú eres quien manda.
	Volveremos pronto: anda.
	(Viendo al salir á Benigno.)
	Hola! Aun está aquí ese avanto?

ESCENA VIII.

LAS MISMAS.—BENIGNO.

BENIGNO.	Se vá de paseo?
VICENTA.	Justo.
BENIGNO.	(A Cármen con intencion.)
	Muy pronto vá á oscurecer.
VICENTA.	Mejor.
BENIGNO.	Se puede saber...
VICENTA.	Calle usté! Hágame usté el gusto...
BENIGNO.	Quiée usted cantarme otra copla,
	serrana?
VICENTA.	A usted?.. don Vacía?
	Si no se dice en un dia
	lo feo que es usté!

BENIGNO.   Sopla!
VICENTA.   Ven, Cármen.
BENIGNO.   (Con intencion á Cármen.) Conque quedamos
en que va usted á volver
muy pronto?
VICENTA.   (Yéndose.)   Vamos, mujer?
BENIGNO.   (Bajo á Cármen.)
Vá á venir.
CÁRMEN.   (Lo mismo.) Silencio.
VICENTA.   (Casi fuera de la escena.) Vamos?
(Se van por la derecha.—Empieza á oscurecer: conviene que la luna ilumine la escena.)

ESCENA IX.

BENIGNO.

Ya toco la realidad.
Los casaré. No que no!—
Donde pongo mano yo,
nace la felicidad.
Y desconfian de mí!
Y me tildan de chismoso!
Eh!... los caso, y soy dichoso!
qué gozo que siento aquí!

MUSICA.

Como esa niña
siga mi plan,
la aguarda inmensa
felicidad.
Por ella me odia
la vecindad,
me mira el padre
con torva faz,

todos ofenden
mi probidad.
Todos me acusan
de desleal.
Ja! ja! ja! ja!
Bonito chasco
van á llevar.

El muchacho es rico y noble,
y la niña le enamora,
y la niña que le adora
necesita mi amistad.
Yo protejo sus amores,
y por más que todos gritan,
y me acosan, y me irritan,
toco ya la realidad.
Ja, ja, ja, ja
bonito chasco
van á llevar:

(Oyese el coro de albañiles que se acerca tarareando. — Arturo aparece por detrás de la fábrica.)

ARTURO.

Soy yo

BENIGNO.

Silencio!

ARTURO.

Me espera?

BENIGNO.

Sí.
El padre viene,
entre usté aquí.

(Le hace entrar en su tienda: Llega por la derecha Valeriano con albañiles.)

ESCENA X.

BENIGNO.—VALERIANO.—ALBAÑILES.

Coro.

Viva el trabajo
que nos envia
dulce alegria
y honrado pan.
Jornal escaso
que dá honra inmensa
en recompensa
de nuestro afan.

VALERIANO.

Con salud para ganar
el jornal de otra semana,
Dios nos envía mañana
dia para descansar.
A reir! A gozar!
Tres duros hay aquí.
Sin penas que llorar,
quién más que yo feliz?

(Se oye lejano el toque de la oracion.)

VALERIANO.

Muchachos, la oracion.
A nuestro Dios roguemos.
Humildes imploremos
su santa bendicion.

Coro.

Humildes imploremos
su santa bendicion.

Viva el trabajo
que nos envía
dulce alegría

y honrado pan.
Jornal escaso
que dá honra inmensa
en recompensa
de nuestro afan.

VALERIANO.

No hay pena alguna
que á mí me aflija.
Tengo una hija,
honra y salud.
Y son los timbres
de mi nobleza,
santa pobreza,
dulce quietud.
A reir! A gozar!
Tres duros hay aqui
Sin penas que llorar,
quién más que yo feliz?

HABLADO.

VALERIANO. Compañeros, esta noche
es noche de regocijo,
que dá un baile la Lorenza
y yo en su nombre os convido.
UNO. Cómo?
VALERIANO.   Mañana es su santo.
UNO. Es verdad.
OTRO.   Ya lo sabíamos.
VALERIANO. Estais todos convidados.
UNO. Vamos á verla?
TODOS.   Ahora mismo.
VALERIANO. Andad.
(Se van por la derecha.)

ESCENA XI.

VALERIANO.—BENIGNO.—LA TIA PRUDENCIA.

VALERIANO. (A la tia Prudencia.) Está en casa mi hija?
PRUDENCIA. Con la Vicenta ha salido
hace poco.
VALERIANO. A dónde fué?
PRUDENCIA. No sé.
VALERIANO. Vino el señorito?
PRUDENCIA. No.
VALERIANO. Buena señal: mi Cármen
sin duda le ha despedido.
PRUDENCIA. Puede ser.
VALERIANO. Vale mi Cármen!...
Váyase de Dios bendito,
y no vuelva más.
(Por Benigno) Y este hombre?
PRUDENCIA. Quién... ese? Sigue lo mismo.
VALERIANO. Cómo?
PRUDENCIA. El otro le apadrina,
y lleva y trae...
VALERIANO. Por Dios vivo!
BENIGNO. (Qué miradas!) Buenas noches.
(Con suma amabilidad.)
Va usted de baile... eh! vecino!
Siento no estar convidado...
VALERIANO. Usted? y con qué motivo?
Allí son amigos todos.
BENIGNO. Pues yo...
VALERIANO. Usted no es nuestro amigo.
BENIGNO. (Sopla!)
VALERIANO. (A la tia Prudencia.) Mi hija es honrada,
muy honrada y no hay peligro...
es mi hija, y esto basta.
PRUDENCIA. Aqui viene.

ESCENA XII.

Los mismos.—CÁRMEN.—VICENTA.

CÁRMEN. Padre mio.
BENIGNO. (Entrando en su casa.)
Mambrú se fué á la guerra,
mirondon, don...
VALERIANO. Habrá pillo!
CÁRMEN. Quién?
VALERIANO. Nadie.—Qué? No me abrazas?
CÁRMEN. Padre!
VALERIANO. Así:—á donde habeis ido?
VICENTA. Al café.
VALERIANO. Hola! Bien hecho.
Mi buena suerte bendigo.
Teniéndote entre mis brazos,
á nadie en el mundo envidio.
Hija mia! Soy feliz!
Salvo algunos disgustillos
que me dás...
CÁRMEN. Yo...
VALERIANO. Picaruela!
Estoy celoso: lo dicho.
No quiero que nadie me hurte
tanto así de tu cariño;
y mucho menos personas
que enamoran por oficio:
somos pobres; la pobreza
suele servir de ludíbrio...
CÁRMEN. No diga usted eso, padre.
Yo sé...
VALERIANO. Yo sé lo que digo.
Nos separa gran distancia
de los nobles y los ricos;

                y si tú... mas sin razon
                me exalto, yo no te riño.
                Tú eres muy buena muchacha.
                Sé que no me dás motivo
                de enojo, verdad?

CÁRMEN.   No, padre.
VALERIANO. Estás triste, idolo mio?
                diviértete... como yo.
                Esta noche... ven conmigo,
                nos espera la Lorenza.
CÁRMEN.   Iré luego; he prometido
                á Vicenta...
VICENTA.   Sí; tenemos
                que evacuar cierto asuntillo.
VALERIANO. Eso es otra cosa; bueno:
                quédate: estando contigo...
                Yo voy allá... Adios, paloma.
                (Volviendo.)
                Ah! que si bebo un traguito...
                ó dos... no me reñirás?
                Ya ves... mañana es domingo...
                Adios, lucero. (Besándola.)

ESCENA XIII.

CARMEN.—VICENTA

VICENTA.   No vienes?
CÁRMEN.   Despues.
VICENTA.   Insistes?
CÁRMEN.   Insisto.
                Quiero hablarle.
VICENTA.   Como quieras.
                Pero mira...
CÁRMEN.   Ya lo he dicho.
                Hoy es la última entrevista:

	déjame: te lo suplico.
Vicenta.	Si lo mandas...
Cármen.	Sí.
Vicenta.	Está bien. Te esperaré?
Cármen.	Lo prohibo. Vete al baile.
Vicenta.	Pero...
Cármen.	Vete. Quiero estar sola, es preciso: hoy por la última vez hablar con él necesito.
Vicenta.	Por la última vez?
Cármen.	Lo dudas? No fias en mí?
Vicenta.	Sí fio. Pero en vano disimulas: bien dicen esos suspiros que le tienes un querer, que te sale de lo íntimo.
Cármen.	Vicenta, si tú miraras lo inmenso de mi cariño, si miras lo que sufro, si miráras...
Vicenta.	Lo que miro, es que ese hombre nos va á dar la gran desazon del siglo. En fin, lo mandas... me voy.
Cármen.	Yo iré á buscarte.
Vicenta.	Está dicho.
Cármen.	Adios. (Entra en la casa.)
Vicenta.	A la fin y al postre si está muerta por el niño... (Marchándose de pronto.) No ha nacido afortunado apenas, ese endevido.

ESCENA XIV.

CÁRMEN.

(Oyese algazara y jaleo en el lado de la derecha, donde se supone la casa de Lorenzo.)

Ellos son felices! Ellos
no comprenden mi martirio.
La alegría de esas gentes
me hace daño... Oh! Dios mio!
Perdon... allí está mi padre...
mi padre... allí está mi sitio!
Me quiere tanto! Y yo aquí...
me ahogo en este recinto!...
No importa... aqui viviré!
Es forzoso el sacrificio!
Sufra yo... y sea él dichoso...
Padre mio! Padre mio!
(Entra en las habitaciones interiores.)

ESCENA XV.

BENIGNO.—ARTURO.

(Benigno despues de reconocer la escena, llama á Arturo.)

BENIGNO.	Ajá! Ya es nuestro el terreno.
	Al asalto... y á triunfar!
ARTURO.	Dudo... hasta ahora resistió.
BENIGNO.	Pues hoy no resistirá.
	Está más blanda que un guante:
	su padre de usté además
	la habló de un modo esta tarde...
	Si la viera usted llorar!
ARTURO.	Angel mio!

BENIGNO.　　　　　Segun veo
　　　　　la quiere usted mucho?
ARTURO.　　　　　　　　　Ah!
　　　　　con amor puro, infinito!
　　　　　con cariño celestial!
　　　　　Será mi esposa... lo juro!
　　　　　y si mi padre...
BENIGNO.　　　　　　　Bá! Bá!
　　　　　Desde ahora cargo con toda
　　　　　la responsabilidad.
　　　　　Papá teme... y con razon:
　　　　　como el padre es un Adan,
　　　　　y gasta chaqueta... le huye...
　　　　　y tiene razon papá!
　　　　　Los que gastamos levita
　　　　　no podemos alternar...
ARTURO.　Mas llevarla así... aunque ella
　　　　　dando crédito á mi afan,
　　　　　huya conmigo... mi padre,
　　　　　sé que la rechazará.
BENIGNO.　Aqui estoy yo.
ARTURO.　　　　　Pero...
BENIGNO.　　　　　　　　Nada:
　　　　　ya ha aceptado usted mi plan:
　　　　　de dos males... el menor;
　　　　　queda otro medio? No tal.
　　　　　O perderla para siempre,
　　　　　ó sorprender á papá.
　　　　　Allí una vez... con mi chispa...
　　　　　soy yo lo mas perspicáz...
　　　　　dado el primer paso... luego
　　　　　no es fácil volver atrás.
ARTURO.　Si triunfa usted le prometo
　　　　　cien onzas.
BENIGNO.　　　　Cien onzas? Cá!
　　　　　Oro? usté no me conoce.

| | Yo venderme?... Voto á San!
| | Yo soy pobre, pero honrado!
| | Mi proceder es leal,
| | pues si quiero yo á la chica!...
| | Y al padre le quiero más!...
| | Seré feliz, si á los dos
| | les doy la felicidad.
| ARTURO. | Qué noble desinterés!
| BENIGNO. | Asi estoy yo... no es verdad?
| | Por eso ha dos años, no
| | me pude revalidar,
| | y me acostaba en ayunas
| | cursando latinidad!
| | Por eso afeito á seis cuartos,
| | en vez de afeitar á real;
| | y por eso son mis galas
| | este raido gaban,
| | más feo que el no tener,
| | que es la mayor fealdad.
| | Pero en fin, yo soy asi.—
| | Con que á ella! Sin vacilar!
| ARTURO. | Temo....
| BENIGNO. | Qué es temer? A ella!
| | Y si persiste tenaz
| | en quedarse, cuatro frases
| | de aquellas que hacen temblar.
| | —Ingrata... adios para siempre!
| | —Arturo! —Déjame en paz!
| | —Espera! —Aleve! Perjura!
| | Me ha muerto tu crueldad!
| | —Me dejas? —Tú lo has querido!
| | —No vas á volver? —Jamás!
| | Ella entonces dirá... —Oh!
| | y usted con mas fuerza... —Ah!!
| | hasta que ella diga... —Arturo!
| | Hágase tu voluntad!

ARTURO.   Oh! Lo dirá.
BENIGNO.   Es mujer,
y la lucha es desigual.
La mujer sabe mejor
que el hombre, sentir y amar.
Y tienen las pobrecitas
tanta sensibilidad!
Se pasa el tiempo... está el coche
preparado?
ARTURO.   No ha de estar!
BENIGNO.   Pues llamo. —Ya viene; firme;
yo estaré alerta.
ARTURO.   Bien.
CÁRMEN.   (Abriendo la puerta.)   Ah!

ESCENA XVI.

CÁRMEN.—ARTURO.—BENIGNO, en la calle.

ARTURO.   Alma mia... (Cármen le evita.) Qué!
BENIGNO.   (Inspeccionando la escena.)   Observemos.
ARTURO.   Me rechazas?
CÁRMEN.   Es preciso.
Nuestra suerte así lo quiso:
por la última vez nos vemos.
ARTURO.   Qué dices?
CÁRMEN.   Que es menester
que usted se aleje.
ARTURO.   Qué he oido?
Has olvidado?...
CÁRMEN.   No olvido.
Mas tal es nuestro deber.
ARTURO.   No hay deber donde hay amor;
y el nuestro es árdiente, puro!
CÁRMEN.   Pero es imposible, Arturo!
ARTURO.   Imposible!

Cármen.	Sí señor.
Arturo.	Cármen.
Cármen.	Salga usted.
Arturo.	Jamás! Usted! Ese usted me mata! Que salga... Buen pago, ingrata; buen pago á mi amor le dás! Cuando esperaba anhelante como premio á mi pasion que tu amante corazon no vacilára un instante! Cuando realizado ví nuestro sueño venturoso, cuando vengo á ser tu esposo, tú me rechazas así?
Cármen.	Mi esposo?
Arturo.	Mi padre acaba de ofrecerme el bien que ansio.
Cármen.	Su padre de usted... y el mio? No tengo yo padre?
Benigno.	Brava!
Arturo.	Tu padre será dichoso; el mio nos asegura á los tres igual ventura, cuando yo sea tu esposo.
Cármen.	Cómo?
Arturo.	Nos espera.
Cármen.	A quién?
Arturo.	Todo está dispuesto.
Cármen.	Pero...
Arturo.	Si tu amor es verdadero, accede á mis ruegos; ven.
Cármen.	A dónde?
Benigno.	Llegó el apuro.
Arturo.	A ser venturosa.
Cármen.	No.

ARTURO.	Mi padre te espera.
CÁRMEN.	Yo tambien tengo padre, Arturo.
ARTURO.	Te niegas?
CÁRMEN.	Sí, salga usté.
ARTURO.	Adios.
CÁRMEN.	Adios!—(Ay de mí!)
ARTURO.	Saldré de esta casa, sí, y para siempre saldré.
CÁRMEN.	Para siempre?
BENIGNO.	Ahí duele.
ARTURO.	Fiera! Perjura!
CÁRMEN.	Arturo!
BENIGNO.	(Involuntariamente y con cómica expresion.) Traidora
ARTURO.	Adios!
CÁRMEN.	Arturo!
BENIGNO.	Ya llora.
ARTURO.	Déjame salir'
CÁRMEN.	Espera!

MUSICA.

ARTURO.

Ingrata! Ingrata!

CARMEN.

Arturo mio!

ARTURO.

Yo ese desvio
no merecí.

CARMEN.

Mi amor ofendes.

ARTURO.

Tu amor, impía!

36

Tu amor mentia!
Huyo de tí!

Carmen.

Ay! no!

Arturo.

Ay! sí!

Benigno.

Ay! Cupido, Cupido, Cupido!
haz una de las tuyas,
y sácanos de aqui.

Arturo.

Yo ví en lontananza
risueña esperanza,
que ayer me brindaba
ventura y placer.
Seguila hoy amante,
y huyó en el instante.
solo era humo leve:
amor de mujer!
Perder la paz del alma
será perder tu amor;
devuélveme la calma,
no aumentes mi dolor.

Carmen.

Allí en lontananza
está mi esperanza
creciendo al abrigo
de un puro querer.
Inquieta y amante
la sigo constante,
con férvido anhelo,
y amor de mujer!
Perder la paz del alma
será perder tu amor:
devuélveme la calma,
no aumentes mi dolor.

BENIGNO.

Maldigo vuestra calma.
Si viene el padre, horror!
me va á romper el alma
con paternal furor.

CARMEN.

Qué hice yo para que olvides
el cariño que me dás?

ARTURO.

Tú, cruel! tú me despides!

CARMEN.

Pero no me olvidarás?

ARTURO.

Bien por tí soy humillado!
Para siempre te perdí.
Volveré... pero casado.
Lo he jurado.

CARMEN.

     Tú?—Ay de mí!

BENIGNO.

Dió en el blanco: bravo tiro.

CARMEN.

No es posible!

ARTURO.

     Sí lo es.
Solo en tí desdenes miro!

CARMEN.

Solo amor! Pues no lo ves?

Si amor tu pecho siente,
si tu alma siente el ímpetu
de una pasion vehemente,

tu amor, Arturo, páguense
el alma que te dí.

ARTURO.

Si amor tu pecho siente.
si tu calma siente el ímpetu
de una pasion vehemente,
acoje al fin benéfica
el alma que te dí.

BENIGNO.

El chico es elocuente.
Si en este asalto último
la chica al fin consiente;
en marcha... voto al chápiro,
que no estoy bien aquí!

HABLADO.

ARTURO.   Al fin consientes: no es cierto?
CÁRMEN.   Yo dejar mi casa?
ARTURO.   Ven.
Nos espera eterno bien
CÁRMEN.   Pero advierte...
ARTURO.   Nada advierto.
Sábelo: mi padre tiene,
si me alejo de tu lado,
otro enlace proyectado:
él á nuestra union se aviene,
mas si vé tanto rigor,
si despreciado me vé...
es orgulloso... y lo sé,
maldecirá nuestro amor.
CÁRMEN.   Pero yo... y mi padre, Arturo?
ARTURO.   Lo he dicho... será dichoso.
No voy á ser yo tu esposo?
CÁRMEN.   Será él feliz?
ARTURO.   Yo lo juro.—

No te habló mi padre?
CÁRMEN.   Sí.
ARTURO. No fias en mí? (Tendiendo su mano.)
CÁRMEN.   Sí fio!
ARTURO. Ven.
CÁRMEN.   Espera!..— Arturo mio!
Qué desdichada naci!
ARTURO. Ven.
CÁRMEN.   Hoy no... tal vez mañana...
ARTURO. Imposible!
CÁRMEN.   Yo veré
á mi padre... le hablaré...
ARTURO. Hablarle? Esperanza vana!
Piensas que consentiria?...
CÁRMEN. Ay! No!
ARTURO.   Ven; hazlo por mí!
Sígueme.
CÁRMEN.   No puedo.
ARTURO.   Sí...
te lo ruego, Cármen mia!
CÁRMEN. Arturo!
ARTURO.   Angel de bondad!
CÁRMEN. Déjame... me vuelves loca!
ARTURO. Oiga yo un sí de tu boca
de eterna felicidad!
CÁRMEN. Arturo!... No estoy en mí!...
ARTURO. Una palabra de amor!
Aun te niegas?
CÁRMEN.   Por favor!...
ARTURO. Partirás?
CÁRMEN. (Con decision.) Arturo... Sí!
BENIGNO. (Separándo-e de la puerta.)
Ah!! Zambomba .. sudo... ah!!
ARTURO. Gracias, bien mio!
CÁRMEN.   (Perdon!)
ARTURO. Gravada en mi corazon

tanta merced quedará!—
Benigno. (Llamándole.)

CÁRMEN.   Quién...
ARTURO.   Con los dos
vendrá; corro á prevenir...
vuelvo... disponte á partir.
Volveré muy pronto, adios.
(Arturo se marcha por el barranco.—Benigno descuelga la vacía, y entra en su casa.—La tia Prudencia que llega por la derecha, recoje las frutas y entra en su casa.)

CÁRMEN. Oh! Dios mio! Tu perdon!
Tú que vés la pena mia,
por mi pobre padre, envia
hasta mí tu bendicion!
(Cármen escribe una carta que cierra y deja encima de la mesa, próxima á la luz.—Momento de jaleo y algazara en casa de la Lorenza; Valeriano canta acompañado de palmas y guitarra.)

CANTO.

VALERIANO

Con amor puro, palomita mia,
    te miraré yo
Pero quererte como te quería
    eso si que no.
Ay! Qué pesar! Ay! Qué dolor!
Ay! No llores, mi pobre paloma.
    que es tuyo mi amor.

CORO.

Ay! Qué pesar! Ay! Qué dolor!
Ay! No llores, mi pobre paloma,
    que es tuyo mi amor.

CARMEN.

Adios, mi casa querida:
adios, lugares de amor;
quede aquí en mi despedida
un suspiro de dolor.

Adios, mi padre querido;
no suspires con dolor;
que hoy de tu amor me despido
para volver á tu amor.

VALERIANO.—CORO.

Ay! Qué pesar! Ay! Qué dolor!
Ay! no llores, mi pobre paloma,
que es tuyo mi amor.

ESCENA XVII.

CÁRMEN.—ARTURO.—BENIGNO.—PRUDENCIA.

(Arturo llega á casa de Benigno; éste cierra su tienda: entran los dos en casa de Cármen.)

HABLADO.

BENIGNO. Se pasa el tiempo; salgamos.
CÁRMEN. Perdon, Dios mio!
ARTURO.   Mi bien...
Vacilas?..
CÁRMEN. (Dejándose conducir.) Arturo...
ARTURO. (Saliendo.)   Ven.
BENIGNO. Sola! (Viendo á la tia Prudencia.)
CÁRMEN. Padre mio...
BENIGNO. (Con afan.)   Vamos.
(Desaparecen por el barranco.—La tia Prudencia que ha oido las últimas palabras, los sigue un momento, y vuelve sumamente agitada. Llega al primer termino de la derecha, y exclama con sofocada voz:)
Vicenta!...—Se escapan... Sí!
Se marchan... Vicenta!
VICENTA (Llegando por la derecha.)   Qué!
Qué gritos... qué tiene usté?
PRUDENCIA. Se han marchado por allí!

Vicenta. Quién?
Prudencia. Cármen.
Vicenta. Cómo?
Prudencia. Se ván!
Vicenta. (Entrando en casa de Cármen.)
Mentira! Cármen!
(Saliendo desesperada.) Se ha ido!
Me ha burlado! Me ha vendido!
Corra usted... cerca estarán...
(La tia Prudencia se marcha precipitadamente: Valeriano llega por la derecha; ván apareciendo poco á poco todos los del baile.)

ESCENA VIII.

VICENTA.—VALERIANO.—Tia PRUDENCIA.—Coro.

Valeriano. Qué es esto?
Vicenta. Nada... que yo...
Valeriano. Y mi hija? Qué pasa aquí?
(Entrando en la casa.)
Cármen! Cármen!
Vicenta. (Siguiéndole.) No está ahí!
Valeriano. Qué dices?
Vicenta. Qué ha huido!
Valeriano. Oh!

MUSICA.

Dónde? Habla.
VICENTA.
Yo no sé.
VALERIANO.
Habla!—Calla!
Duda cruel!
Coro. (Llegando por la derecha.)
Valeriano.

VALERIANO. (A Vicenta, entrando en la casa.)
Sígueme.

CORO.

Qué sucede?

VALERIANO.

Lo sabreis.

(Viendo la carta que dejó Cármen en la mesa.)
Una carta!
De ella es.
Por qué tiemblo
yo no sé!
Es su letra...
no la vés?
Que huyó dices?
Calla.—Ven.
(Saliendo.)
Acabemos.
(Al Coro.)
Oidme pues.

Perdon! padre mio: he cedido á los ruegos del hombre que amo; fie usted en él, y no niegue su amor á su cariñosa hija...

TODOS.

Oh!

VALERIANO.

Ay! que mi Cármen, quién lo diria,
es mala hija, sin corazon!
Ay! que no es buena la niña mia
que me abandona con fea accion!
Lejos de mi lado,
quién la amparará?
Véte, niña mia!
No te quiero ya!

VICENTA.

Ay! quién pensára, ay! quién diria.

que hiciera Cármen tan fea accion!
Ay! que no es buena la hermana mia
que pone en lenguas su estimacion!
    Lejos de mi lado,
    quién la amparará?
    Véte, hermana mia!
    No te quiero ya.

      CORO.

Padre desdichado!
Sollozando está!
Consolar debemos
su angustioso afan!

      VALERIANO.

En su busca partiremos.
Venid todos.

      CORO.

      Vamos.

    VALERIANO. (Conteniéndolos.)
              No.
No he de verla! Me abandona!
en su pecho no hay amor!
La maldigo!—No... hija mia!
lleva en ti mi bendicion!

      CORO.

Pobre anciano!

      VALERIANO.

        Hija ingrata!
Me ha dejado solo!

      VICENTA.

        No!
Yo no tengo padre!

    VALERIANO. (Tendiéndola los brazos.)
        Ah; Ven!

Hija mia!

VICENTA.

Su hija soy!

VALERIANO.

Accion tan noble
yo premiaré!
Cual tierno padre
te miraré.
Ven á mis brazos;
mi amor te doy!
Ven, hija mia;
tu padre soy!

VICENTA.

Yo su amargura
consolaré.
Cual hija tierna
le miraré.
Entre sus brazos
ufana estoy.
Yo con los mios
mi amor le doy.

Coro.

Cual hija tierna
le mira ya.
Ella su pena
consolará.
Feliz respira
su corazon.
Bendiga el cielo
tan noble accion.

FIN DEL ACTO PRIMERO.

ACTO SEGUNDO.

Jardin.—A la derecha, en primer término pabellon con dos ventanas: una frente á los bastidores de la izquierda con las persianas abiertas; y otra frente al público, cerrada: debajo de esta ventana un banco de piedra y en él Benigno durmiendo

ESCENA PRIMERA.

Poco despues de levantarse el telon asoma el Coro por el fondo, y avanza lentamente, segun la letra lo indica, unos avanzando con indecision, y otros haciendo la guia con misterioso ademan.

Coro 1.º
Silencio! Silencio!
Venid por acá;
tras de esa ventana
la vimos llorar.

Coro 2.º
Dejarla debemos,
volvamos atras;
que es impertinente
tal curiosidad.

Coro 1.º

Lleguemos.

Coro 2.º

Volvamos.

Coro 1.º

Un paso no más
y vereis cuán hermosa es la niña
que alli oculta está.

Coro 2.º

Volvamos,

Coro 1.º

Lleguemos.

Coro 2.º

Un paso no más,
y aunque sea la niña un misterio,
volvamos atrás.

Coro 1.º (Señalando el interior del pabellon.)

Allí está dormida,
sin miedo llegad,
que rindióla al sueño
su amargo llorar.

Coro 2.º

Gentil criatúra,
gallarda beldad,
quién será esa niña
tan angelical?

coro 1.º

Sepamos.

coro 2.º

Callemos.

Coro 1.º (Reparando en Benigno.)

Un hombre... qué tal?
Tambien duerme, aquí hay un misterio
que es fuerza aclarar.

CORO 2.º

Sepamos.

CORO 1.º

Sepamos.

TODOS.

Amigo.

BENIGNO.

Quién?... Ah!
Mil perdones, quedéme traspuesto...

CORO. (Con misterio.)

Venga usted acá.

———

BENIGNO.

(Quiénes son estos señores?
Qué querrán hacer de mí?

CORO.

Quién es esa hermosa niña
que durmiendo se halla allí?

BENIGNO.

Esa niña.. es un tesoro!

CORO.

Linda es!

BENIGNO.

Verdad que sí!

CORO.

Es criada de esta casa?

BENIGNO.

Ella? No.

CORO.

Quién es?

BENIGNO.

Oid.

Ya que tanto se interesan
la verdad he de decir.
Mas silencio!

Coro.

   Quién es ella?

Benigno.

Esa niña... oid... oid!

Esa niña es una flor
de perfume celestial!
Pimpollito virginal
de purísimo candor.
No sabeis por qué llora
la niña allí?
El hombre á quien adora,
la trojo aqui.
En él creyó,
y el padre de su Arturo
la rechazó.

Coro (Entre sí.)

Tiene interés;
Arturo ama á esa niña,
pero quién es?

Benigno.

Aunque tiene encantos mil,
en la niña existe un mal;
hija es de un oficial...

todos.

De qué clase?

Benigno.

   De albañil.
Por eso llora tanto:
perdió su bien.
Al mirar yo su llanto
lloro tambien.
Cruel situacion!

Nos echan de esta casa;
cou qué razon?

CORO.

Razon habrá.
El coronel lo ha hecho,
bien hecho está.

Marchemos, callemos,
volvamos atrás,
que es impertinente
tal curiosidad.
En plantas y flores
busquemos solaz,
y aunque sea esa niña un misterio,
Callad, callad.

(Desaparecen lentamente por el fondo, mirando al pabellon.)

ESCENA II.

BENIGNO.—Luego URBINA.

HABLADO.

BENIGNO.   Pues señor... he errado el golpe!
Malhaya amen mi carácter...
y mi... ese coronel
es hombre atroz... tiene arranques
temibles... y en uno de ellos...—
Si yo pudiera escaparme...
probemos...—Ay! Me he lucido!
El es! La Vírgen me ampare...
URBINA.   Qué hace usted aquí?
BENIGNO.   Yo... señor...
estaba... ya Usia sabe...
URBINA.   (Paseando.) Calle usted!
BENIGNO.   (Interponiéndose.)   Si usía...
URBINA.   No

	se me ponga usted delante!—
	Salga usted de aqui!
BENIGNO.	Sin ella?
URBINA.	Con ella.
BENIGNO.	Es que ella...
URBINA.	Calle!
	Yo no quiero saber nada!—
	O vuelve usted á llevarse
	á esa muchacha... ó le ahogo!
BENIGNO.	Sopla!—Con ella...no es fácil...
	ella no quiere salir.
URBINA.	Avise usted á su padre.
BENIGNO.	Es que el señorito Arturo
	me ha prohibido avisarle.
URBINA.	Yo mando que vaya usted,
	·Y vuelva esta misma tarde.
BENIGNO.	Muy bien.
URBINA.	Y si usted no vuelve,
	donde quiera que le halle
	le pulverizo!
BENIGNO.	Mil gracias:—
	digo volveré al instante. (Yéndose precipitadamente.)
URBINA.	Venga usted!
BENIGNO.	(Muy deligente.) Qué quiere Usía?
URBINA.	(Pobre niña! Pobre padre!)
	Cómo se llama ese hombre?
BENIGNO.	El...—Valeriano Gonzalez.
URBINA.	Pues dígale usted que venga.
BENIGNO.	(Yendo y viniendo.) Muy bien.
URBINA.	Que quiero yo hablarle.
BENIGNO.	(Idem.) Muy bien.
URBINA.	Tal vez se halle un medio...
BENIGNO.	(Idem.) Muy bien.
URBINA.	El asunto es grave...
BENIGNO.	Muy bien.
URBINA.	Quiere usted callar?

BENIGNO.   Muy bien. (Quedándose clavado.)
URBINA.   Mejor saltimbanquis!—
(De pronto.) Qué hace usté aquí!
BENIGNO.   Sopla! Voy...
Ustedes los militares,
tienen un genio tan...
URBINA.   Listo!
BENIGNO.   Muy bien... lo que Usia mande.

ESCENA III.

URBINA.—Luego ARTURO.

Me han puesto en buen compromiso
ese par de botarates!
porque han sido ellos... sí,
solo ellos los culpables.
Ella... esa pobre muchacha
me inspira un interés...
ARTURO.   (Llegando con temor.)   Padre.
URBINA.   A qué viene usted?
ARTURO.   Señor...
Vengo...
URBINA.   Viene usted en valde!
Estará usted ya contento?
ya ha logrado usted mofarse
de un hombre honrado, no es eso?
ARTURO.   Yo...
URBINA.   Es usted un infame!
usté abusó del candor,
de la sencillez de un ángel!
Usté ofendió á un padre anciano,
con torpe y villano ultraje!
Le parece á usted?... Y ahora,
quién es aqui el responsable?
A mí será á quien acusen,

á mí será á quien reclamen,
y yo soy honrado, y yo
no autorizo infamias tales.

ARTURO. No cabe en mi pensamiento
que el nombre de usted rebaje :
he delinquido... es verdad...
pero temí... usted lo sabe;
usted, ignorando que es
mi vida el amor de Cármen,
iba á separarnos, sí;
proyectaba usté un viaje.
No seguirle á usted... imposible !
Huir de ella... era matarme !
Qué debí hacer?

URBINA. Hijo humilde,
pedir consejo á su padre,
sin comprometer su casa
con locura semejante.—
Y hoy que está llena de amigos;
en buena ocasion les place
visitar mi posesion.
Será fuerza que hoy les falte...
Usted cumplirá por mí.

ARTURO. Yo...
URBINA. Ellos vienen á honrarme.
Hónrese usted yendo allí,
y cumpla usted por su padre.
ARTURO. Imposible.
URBINA. Yo lo mando.
ARTURO. Obedeceré.—Pero antes
prométame usted que ella
no saldrá de aquí.
URBINA. Al instante
saldrá.
ARTURO. Oh ! no, padre mio;
su bondad de usted la ampare.

	Yo la engañé, yo la dije
	que bendiciendo mi enlace,
	usted la llamaba: yo
	soy el único culpable :
	yo, que perderla temi,
	al lado de usted la traje,
	porque usted la dé su amparo,
	porque su esposo me llame.
URBINA.	Hoy saldrá de aqui.
ARTURO.	Señor...
URBINA.	Yo lo mando, y esto baste. (Se vá.)

MUSICA.

ARTURO.

Qué importa que sin calma
yo adore tu beldad!
Qué importa de tu alma
la angélica bondad!
Tu voz y la voz mia
al fin rechazarán,
La vanidad impía
desoye nuestro afan.
   Mi dulce bien!
· Angel de amor!
Siempre mis ojos tu imágen ven!
Eres mi ensueño fascinador'

Más alta y limpia brilla
que el mundo y su esplendor.
la fé pura y sencilla
de tu inocente amor.
En tanto que tus ojos
alienten mi pasion,
te adorará de hinojos
mi amante corazon!

Porque te ví!
Porque te amé!
Porque del alma la fé te dí!
La vida entera te consagré!

ESCENA IV.

ARTURO.—BENIGNO.

HABLADO.

BENIGNO.   Ay, señorito!
ARTURO.   Qué pasa?
BENIGNO.   Nada! que ya están ahí.
ARTURO.   Quién?
BENIGNO.   Vicenta con el padre.
ARTURO.   Cómo? Quién les fué á decir?...
BENIGNO.   Usted mismo al dar las señas
           al cochero, estaba allí
           la tia Prudencia, y por ella
           han logrado descubrir...
ARTURO.   Oh! No entrarán.
BENIGNO.   Sí señor.
           Entrarán; ahi esta el quid.
           Su padre de usted lo manda:
           como que ahora iba yo á ir
           á buscarlos, cuando cata
           que al pasar por Chamberí,
           me los encontré á la puerta
           de un tosco chirivitil.
           Quise hacer la vista gorda,
           cuando siento que, cbss! ebss!
           y era Vicenta... Vicenta...
           que con aire varonil,
           y la mantilla terciada,

y esta mano puesta aqui, (En jarras.)
me dijo : «Aquí estamos tóos!
Hágame usté el gusto de ír
á llevar el chisme!»—Yo...
no sabia qué decir...
el padre me amenazaba,
y se venia hácia mí...
y... ay! eché á correr... y... ay!
me han seguido hasta el jardin.

ARTURO. Han entrado?
BENIGNO.   Si señor.
ARTURO. Y lo dice usted así?
Si no se van, tiemble usted!
BENIGNO. Caracoles... Soy feliz!
Conque es decir...
ARTURO.   Vea usted
lo que hace.
BENIGNO.   Pero sí...
ARTURO. No le pierdo á usted de vista.
BENIGNO. Señorito... por San Gil!
ARTURO. O usted los despide... ó
va usté á acordarse de mi!

ESCENA V.

BENIGNO paseando.—Luego VICENTA.

Me está muy bien empleado!
Me alegro! Soy un mastin!
Es claro... Voy á ser víctima!...
no hay remedio para mí:
me dan un golpe. Seguro!—
lo mejor será escurrir
(Al salir tropieza con Vicenta.)
el bulto.—Ay! otra te pego!
VICENTA. Ya me tiene usted aquí.

BENIGNO. Venga usted en hora buena...
          Muy bien venida... y muy... muy...
VICENTA. Poquita conversacion,
          y al asunto sin mentir.
          En dónde está Cármen?
BENIGNO. (En tono enfático.)   Ay!
VICENTA. Sin papelería... y sin...
BENIGNO. Soy desdichado, Vicenta!
          Vicenta, soy infeliz!
          Las apariencias me acusan,
          no lo niego... porque al fin
          fuí cómplice... pero tengo
          una horrible cicatriz
          en el alma... si señora.
          Míreme usted de perfil;
          míreme usted cara á cara...
          y dígame usted si en mí
          no se adivina que siempre
          caminé por el carril
          de la virtud... y la... la...
VICENTA. Le veo á usté de venir.
BENIGNO. De venir? De venir? Eff!
          qué términos... San Dionis!
          Mida usted más sus palabras.. (Con pulcritud.)
          Esos términos aqui
          no se usan.
VICENTE.   Y á mí qué?
          Me va usté ahora á mí á midir
          las palabras?
BENIGNO.   Si señora:
          siento que hable usted así,
          con esa cara de cielo...
          y ese talle tan gentil...
          y esos ojos... y esa sal...
VICENTA. Ya lo güelo, que es anis!
BENIGNO. Sopla!

VICENTA.	Menos cercunloquios, y dígame usted en fin en donde está Cármen.
BENIGNO.	Yo?... y que el señorito... zis! me dé un golpe?
VICENTA.	Pues yo iré.
BENIGNO.	No por Dios!
VICENTA.	(Gritando.) Dónde está?
BENIGNO.	Chss! Chss!
VICENTA.	Dónde está?
BENIGNO.	Chss! Vicenta! no sea usted tan cerril... perdone usted esta franqueza.
VICENTA.	Pero...
BENIGNO.	(Señalando el pabellon.) Chss! Silencio! Ahí.
VICENTA.	Vaya usté á llamarla.
BENIGNO.	Bien. Mas la debo á usté advertir que si viene usté á llevársela, invente usté algun ardid...
VICENTA.	Quién ha de oponerse?
BENIGNO.	Ella. Qué!... Si vale un Potosi! Tiene más talento, y más corazon... qué ha de salir! No la arranca de esta casa toda la guardia civil.
VICENTA.	Bien está: yo veré...
BENIGNO.	A ella! En usted confian mis espaldas; me han prometido, si no la saco de aquí, una tunda, y otra tunda si la saco: pero en fin,

más temo al padre que al hijo;
si el hijo quiere reñir...
que me busque; porque ya
se me atufa la nariz...
y si se empeña... habrá lance!
(Con la accion.) y... en guardia! Yo sé esgrimir
las armas... ay! siento ruido...
Es ella?... La misma... sí!
Con alma! Voy por el padre...
Duro en ella!

(Cármen aparece por detras del pabellon viniendo á sentarse en el banco. Despues de contemplarla un instante, enviándola un beso al salir.)

Querubin!

ESCENA VI.

CARMEN —VICENTA.

VICENTA. (Poniéndose delante de Cármen con desenfado.) Tengo la sastifacion.
CÁRMEN. Tú aquí?...
VICENTA. Con la cara... estamos?
He venido... porque... vamos...
pa dicirte una razon.
CÁRMEN. Vicenta!
VICENTA. Y si acaso falto...
CÁRMEN. Calla, por Dios!
VICENTA. Yo callar?
Cabales! Yo puedo hablar
muy alto, Cármen, muy alto!
CÁRMEN. Qué vas á hacer? Por favor,
no grites!
VICENTA. Me echas de aqui?
CÁRMEN. Yo echarte?
VICENTA. Si quieres, dí
que venga á echarme el señor!
CÁRMEN. Tengo miedo!

Vicenta.	Ya se vé!
	No puedes gritar? Yo puedo!
Cármen.	Vicenta!
Vicenta.	Me tienes miedo?
	Habrás hecho algun por qué!
	Pero yo?... Ni la señal!
	yo no temo á nadie, no!
	Yo hablo gordo... porque yo
	soy una mujer... candeal!
	Y nunca ofendi á mi padre;
	tengo una madre, y la cuido,
	estamos? y nunca olvido
	el cariño de mi madre.
	Por eso siempre viví
	con honra, con alegría,
	y con la gran fantesia
	de llevar mi cara... así!
Cármen.	Basta!
Vicenta.	Cármen... con tu acion,
	me has hecho aqui mucho mal!
Cármen.	No ves que lloro?
Vicenta.	(Conmovida.) Sí tal.
Cármen.	Tienes muy mal corazon!
Vicenta.	Yo? (Con fuerza.)
Cármen.	No en mi llanto te goces.
Vicenta.	Yo? (Con voz ahogada.) No estás viendo mi pena?
Cármen.	Ah, sí! Que tú eres muy buena!
Vicenta.	Cármen!... ya no me conoces?
	Y piensas que yo podría...
	yo... cuando te quiero...
	(Tendiéndola los brazos.) Ven!
	No ves que lloro tambien?..
Cármen.	Ah! Vicenta! (En sus brazos.)
Vicenta.	(Con efusion.) Cármen mia!

MUSICA.

VICENTA.

Ay! Mi cariño consuélete!
Ay! Calma ya tu aflliccion!
Ay! Esas preciosas lágrimas,
llenan de júbilo mi corazon!

CARMEN.

Ay! Tú que miras mis lágrimas!
Ay! Tú que ves mi afliccion!
Ay! Por tu llanto permíteme
del padre mio la bendicion!

VICENTA.

No llores, Cármen mia!
No llores más, por Dios!

CARMEN.

Perdon, hermana mia!
Perdon! Perdon! Perdon!

HABLADO.

VICENTA. (Enjugándola los ojos con su pañuelo.)
Vamos... no llores... no más!
Sin pensarlo te ofendi!
CÁRMEN. Qué alma tan bella!
VICENTA. Sí! sí!
Me adulas... qué alhaja estás!
Zalamera!...—Eh! Si quieres,
nos iremos juntas.
CÁRMEN. Yo?...
VICENTA. Tu padre me espera.
CÁRMEN. Oh!
VICENTA. Te esperamos?...
CÁRMEN. No me esperes.
Triste y sola quedo aquí:
quedándome, honrada quedo;
Ya de esta casa no puedo...

| | no debo salir así.
De mi padre me alejó
irresistible poder!
Si ofenderle pude ayer,
no he de deshonrarle, no!
Asi ganaré el perdon
de mi padre, porque al cabo
volveré... sin menoscabo
ninguno de mi opinion.
| :-- | :-- |
| VICENTA. | Sí, sepa el mundo quién eres.
Nada tu pureza empaña:
que él no lo dude. El se ensaña
con nosotras las mujeres.—
Y te han de casar! Que si!
que á tí ninguno te humilla!
O me tercio la mantilla,
y ardemos todos aqui.
Vaya! Yo no imaginé...—
Tu padre viene conmigo...
pero yo haré... yo me obligo...
sí! si! Yo te ayudaré! |
CÁRMEN.	Mi Vicenta!
VICENTA.	En mi confia!
CÁRMEN.	Me perdonas?
VICENTA.	Lo preguntas?
Pues no hemos llorado juntas?
Pues no eres hermana mia?
Eh?... Vendrán dias mejores...
y entonces... Adios; me voy...
si me ven aquí... ya estoy
más contenta!... Que no llores!

ESCENA VII.

Las mismas.—BENIGNO.—Luego, VALERIANO.

MUSICA.

Benigno.
El padre de usted viene.
Mi padre!
BENIGNO.
                    Yo me voy
Escurro el bulto...
        (Viendo á Valeriano.)
                    Zape!
Huyamos su furor!
VALERIANO.
(Es ella!)
CÁRMEN.
        (Corriendo á él.)
            Padre!
VALERIANO.
                    Quita!
No soy tu padre yo!
Aparta!
CÁRMEN.
        Padre mio!
VALERIANO.
Aléjate!
CÁRMEN.
        Perdon!
VALERIANO.
(Qué celestial consuelo
derrama aquí su voz!)

CÁRMEN.

Tú sola, hermana mia,
consuelas mi dolor!

VICENTA.

Tu padre te perdona.

VALERIANO.

(Hija del alma!) No!

Eres tú la que algun dia
inundaba de alegria
este amante corazon?
No! No!
No eres tú la que amorosa
ostentaba virtuosa
la pureza de mi amor!
No, no hay perdon!

CÁRMEN.

No soy yo la que podria
olvidar que fuí algun dia
de mi padre la ilusion!
No! No!
Aun soy yo su hija amorosa
aun ostento virtuosa
la pureza de mi amor!
Perdon! Perdon!

VICENTA.

Pues nos busca cariñosa,
esa súplica amorosa,
acojamos con amor!
Perdon! Perdon!

VICENTA.

Humilde y llorosa
implora perdon!

VALERIANO.

Mi amor olvidando,

De mí se alejó,
inmensa es su culpa!

VICENTA.

Más es su aflicion!

VALERIANO.

Buscando á ingrata
no vine aqui yo!
Yo busco al que infame
mi honra ultrajó!
Venganza reclama
tan pérfida accion!

VICENTA.

No basta mi ruego?

CARMEN.

Silencio, por Dios!

VALERIANO.

Venganza buscando
alzo aquí la voz!

VICENTA.

Señor!

CARMEN.

Padre mío!

VALERIANO.

Aparta!

CARMEN.

Perdon!

VALERIANO.

No eres tú la que amorosa
ostentaba virtuosa
la pureza de mi amor!
No, no hay perdon!

CARMEN.

Aun soy yo su hija amorosa,
aun conservo cariñosa

la pureza de mi amor!
Perdon! Perdon!

VICENTA.
Pues nos busca cariñosa,
esa súplica amorosa
acojamos con amor!
Perdon! Perdon!

HABLADO.

VICENTA. Señor Valeriano! (Presentándole á Cármen.)
VALERIANO. (Sin mirarla.) Infiel!...
VICENTA. Vamos!...
VALERIANO. No... ruegas en vano.
VICENTA. (Haciendo arrodillar á Cármen.)
De rodillas.
(Cogiendo la mano de Valeriano, que él abandona Cármen la besa.)
Esa mano!...
(Mostrándole la actitud de Cármen.)
Lo está usted viendo?
VALERIANO. (Sin volverse) Cruel..
VICENTA. Vamos!
VALERIANO. Qué quieres?
VICENTA. Que está
de rodillas...
CÁRMEN. Padre...
VALERIANO. (En tono breve y seco.) Bien.
VICENTA. Eh!... Temple usté ese desden.
Levanta... un abrazo... ajá!...
(Obligando á Valeriano, que cede involuntariamente.)
VALERIANO. Tú estás abusando...
VICENTA. Pues!
Si aqui no cabe el encono!
Vamos!...
VALERIANO. (Con espansion.) Ah!... Yo te perdono!
Yo te bendigo!
VICENTA. Eso es.
CÁRMEN. Padre de mi alma!

VICENTA. Así!
Ya somos dichosos... eh?
y ya es inútil que usté...
VALERIANO. Ya no: salgamos de aqui!
VICENTA. (Ahora es ella.)—Es menester...
Es decir... (Haciendo señas á Carmen.)
VALERIANO. (Viendo á Cármen inmóvil.) Qué? dudas?
CÁRMEN. Yo?...
VALERIANO. Vés!... Nos abandona!
CÁRMEN. (Con decision.) No.
Seguirle á usté es mi deber.
VICENTA. Cármen!... (Reconvencion.)
VALERIANO. Vamos.
VICENTA. (Pasando el lado de Valeriano.) (No por Dios!
Vete.) Está usted ya contento?...
VALERIANO. Buena pieza! (Abrazándola.)
CÁRMEN. (Qué tormento!)
VICENTA. (Abrazando á Valeriano con una mano y haciendo señas á Cármen con la otra para que se vaya.)
Nos conocemos los dos!...
Tiene usté un génio... terrible!
Vaya!... Le tengo á usté un miedo...
VALERIANO. Tú?... y por qué?
CÁRMEN. Ah.. sí, me quedo!
Salir así es imposible! (Desaparece.)

ESCENA VIII.

VALERIANO.—CÁRMEN.

VALERIANO. Cómo?... Se vá!... Cármen!—Mira!...
Cármen!
VICENTA. Déjela usted ya.
VALERIANO. No vuelve... se aleja... ah!
VICENTA. Volverá pronto.
VALERIANO. Mentira!

Si oye mi voz!... si está allí!
La ingrata el alma me hiere!
No nos quiere!... No nos quiere!...
Pues bien... salgamos de aqui!

VICENTA. No es usted capaz. (Invitándole á salir.)
VALERIANO. Que no?
Anda delante.
VICENTA. De veras?
Ande usted.
VALERIANO. Anda... qué esperas?
VICENTA. Vaya usted delante.
VALERIANO. Yo?...
Anda tú.
VICENTA. Si usted lo manda...
VALERIANO. Ya no es nada mio...
VICENTA. Bueno.
VALERIANO. Ya lo ves... estoy sereno!
Pues qué te figuras?... Anda.
Tú serás mi hija querida...
no es verdad?
VICENTA. Vaya!...
VALERIANO. Me quieres?
VICENTA. Mucho!
VALERIANO. Ah... sí! Qué buena eres!
Ya no he de verla en mi vida.
Vamos.

ESCENA IX.

Los mismos.—BENIGNO.

BENIGNO. (Huyendo.) Sopla!
VALERIANO. (Contenido por Vicenta.) Hola! Amiguito!
Por qué huye usted de mí?...
Ya estoy satisfecho.
BENIGNO. Sí?

Vaya, me alegro infinito.
VALERIANO. Diga usté á esa gente... honrada !
que he estado aquí... y volveré !
BENIGNO. Bueno.
VALERIANO. Qué es eso ? Por qué
huye usted de mí ?
BENIGNO. Por nada.
VALERIANO. Diga usted que volveremos!
Se rie usted?
BENIGNO. No me rio.
VALERIANO. Miserable! (Pugnando por desasirse.)
BENIGNO. (Huyendo.) Señor mio!
VICENTA. Déjele usted.
VALERIANO. Nos veremos!

ESCENA X.

BENIGNO.—Luego URBINA.

BENIGNO. Pues señor, no sufro más!
No sufro más, no señor!
Fuerza es tomar ahora mismo
una determinacion.
Quiero hablar al coronel!
(El coronel se acerca sin ser visto)
Y le hablaré... no que no!
Pues bonito genio tengo!
Jem! Y si alza la voz,
si me amenaza... ay! entónces...
entónces... téngame Dios
de su mano, porque ya
me está ahogando aquí el furor,
y si me dejo llevar
de mi justa indignacion...
Brr! es fácil que haga una
de pópolo bárbaro. (Viéndole.) Oh!

Urbina.	Yo soy: me buscaba usted?
Benigno.	(Energia!) Si señor.
Urbina.	Sepamos.
Benigno.	Mireme Usia

con calma... con detencion.
Nada de amenazas... nada
de disgustos, por favor...
y hablémonos... como se hablan
las gentes de educacion.

Urbina. (Ente más raro!) Y sepamos,
quién es usted?

Benigno. Quién soy yo?—
Yo soy Benigno Martin,
cirujano comadron,
in fieri, no ejerzo aun:
nací el año treinta y dos,
no sé de quién... no sé en dónde!
Sin darme la esplicacion,
mis padres han conservado
el incógnito hasta hoy.
Estudié en la Escuela Pia,
con bastante aplicacion,
ganando mi subsistencia,
bajo el amparo de Dios,
vendiendo fósforos finos,
plumas, y papel de Alcoy.
He sido despues mancebo
de la honrosa profesion
que hoy ejerzo, y con estudio
y con fuerza superior,
de voluntad, ya vé Usía...
soy un hombre establecido...
y puedo ser elector...
y me parece... quién sabe?
aun puedo ser... digo yo!

Urbina. Tiene gracia por mi vida!

Benigno.	Se rie Usía?... Mejor.
Urbina.	Botarate!
Benigno.	Poco á poco!
	Ya vé Usia que no estoy
	en el caso...
Urbina.	Eh!... ya basta!
	Acabemos, vive Dios!
	Qué papel hace usted aquí?
Benigno.	El papel de... qué sé yo!
	Yo he venido... porque al cabo
	es muy noble mi intencion :
	Su hijo de usted es sensible...
	la chica le enamoró...
	ella dió en corresponder...
	y ya vé Usía... el amor!...
	cuando hay obstáculos... crece
	y cuando están así dos
	amantes... no se les debe
	abandonar... no señor!
	Y una pasion comprimida...
	ya vé Usía... es cosa atroz!
	Por eso velé por ellos...
	tal era mi obligacion...
	y... ahí los tiene Usía... ahora...
	lavo mis manos... y adios!
Urbina.	(Este hombre no tiene precio!)
	No se vaya usted.
Benigno.	Que no?
Urbina.	Ya le he dicho á usted que quiero
	tener una explicacion
	con el padre.
Benigno.	Ya ha venido.
Urbina.	En donde está?
Benigno.	Se marchó...
	Pero vá á volver.
Urbina.	Le aguardo.

| | Es fuerza que hoy mismo hoy,
se lleve lleve á su hija. |
|-----------|---|
| BENIGNO. | Bueno.
El es un ángel de Dios...
muy buen hombre... como Usía..
no creo que se hallen dos
más iguales... en el fondo...
ya sé yo que el exterior...
(Cármen aparece en el fondo.)
Ah...! Mire Usia. |
URBINA.	Quién?
BENIGNO.	Ella.
URBINA.	(Con aspereza.) Acérquese usted.
BENIGNO.	Me voy?
URBINA.	Sí.
BENIGNO.	Si Usia necesita
de mí.... en dándome una voz...
Verá Usia un pico de oro.
(A Cármen.)
No tema usted... (A una seña del coronel.) Si señor.
Vá á conquistarle, de fijo.
Daré parte á la reunion.

ESCENA XI.

URBINA.—CARMEN.

(Cármen viniendo á colocarse cerca del coronel, prorumpe en llanto.)

| URBINA. | (Vea usted eso!) Hija mia,
no se aflija usted así. |
|---------|---|
| CÁRMEN. | Mi amparo en usted veia,
y ahora... yo no creí
que usted me abandonaría! |
| URBINA. | Mi deber lo exijo, y voy
á cumplir con mi deber. |
| CÁRMEN. | Si ayer falté al mio... hoy, |

no olvide usté por quién soy
más desdichada que ayer.

URBINA. Mi hijo...

CÁRMEN. Su amor le disculpa,
porque es Arturo leal.
Yo dí crédito... hice mal!
Vea usté cuál fué su culpa,
y cuál fué la mia... cuál!

URBINA. (Demonio de chica!)

CÁRMEN. Bien!...
Sé que debo á usté obediencia!
Mas sola con mi conciencia...
si usted me rechaza... quién
podría creer en mi inocencia?
Ninguno!... No puede haber
pena que á la mia iguale!

URBINA. No es tanta...

CÁRMEN. Pues no ha de ser!

URBINA. No veo...

CÁRMEN. Tan poco vale
la honra de una mujer?...
Saldré de esta casa... sí!
No veré á Arturo en mi vida!
Mas su amor vivirá en mí,
con la memoria querida
de la madre que perdí.

URBINA. Yo...

CÁRMEN. Bien veo que mi amor
acoje usted con desvío...
y merezco tal rigor;
yo abandoné al padre mío!...
Dónde hallar culpa mayor?
Inmensa es mi falta... pero
es mayor mi desventura!
que perdí la calma pura
de mi alma... y solo espero

largos días de amargura!
Y es justo!... debo sufrir
hoy mi extravío de ayer!
Saldré... sí... cómo ha de ser!
Usted me manda salir...
y yo debo obedecer!
Pero antes...

URBINA. (Su voz conmueve!)
CÁRMEN. Todo con amor se alcanza...)
y usted consentir no debe,
que ni una esperanza lleve,
quien vió en usted su esperanza!
URBINA. Qué puedo hacer? Pida usted.
CÁRMEN. Pido...
URBINA. Si en mi mano está...
CÁRMEN. Deme usted su mano.
URBINA. (Conmovido.)   Ahí vá!
CÁRMEN. Gracias por tanta merced!
URBINA. Apriete usted!... voto á!,..
CÁRMEN. Adios. (Alejándose.)
URBINA.   Adios! (Quién diria!) (Muy conmovido.)
(Se vá!)
CÁRMEN.   (Me deja marchar!)
Irá usté á verme algun dia?
URBINA. Sí!
CÁRMEN.   Adios!
URBINA. (Sumamente agitado.) Adios, hija mía!
(Por Dios que me ha hecho llorar!)

ESCENA VII.

LOS MISMOS.—VICENTA.—Luego ARTURO y BENIGNO.—A poco VALERIANO.

VICENTA. Ah! Cármen! Señor!
URBINA.   Qué pasa?

ARTURO. Qué es esto? (Saliendo.)
BENIGNO. Qué ha sucedido?
VICENTA. Tu padre me ha despedido
para volver á esta casa.
Con gesto amenazador
mi súplica ha rechazado.
Viene, el juicio trastornado,
en busca de usté, señor.
CÁRMEN. Tiemblo.
URBANO. Tu escudo he de ser.
Qué compromiso...
VICENTA. (A Cármen.) No llores.
BENIGNO. Me han seguido los señores. (Viendo al coro..)
(A tiempo llegan.)
URBINA. Qué hacer?

MUSICA.

(Valeriano apareciendo en el foro derecha y dirigiendose al coro mostrando ligeros indicios de embriaguez,)

VALERIANO.

Ah! Caballeros,
salud!

URBINA.

Es él!

CARMEN. (Yendo á el.)

Cielos! mi padre!

URBINA. (Conteniéndola y ocultándola trás si.)

Silencio!

BENIGNO.

Bien.

CORO.

Qué busca este hombre?
Quién puede ser?

VALERIANO.

Quién soy?... un hombre.
Qué busco?... pues!
Yo vengo en busca
de un coronel...
que es caballero!...
vaya si es.

URBINA. (Conteniendo á Cármen.)
Silencio!

VALERIANO. (Avanzando.)
Hola!
Dios guarde á usted.
(Tropezando.)
Eh!... no hay cuidado!
no hay que temer!
Mi falta es grande!
si ofendo... bien:
pero mi pena
más grande es!

URBINA.
(En tal momento,
qué hacer? qué hacer?)

CORO.
Inquieto se halla
el coronel,
el lance tiene
mucho interés!

VALERIANO.
Malhaya el padre bueno,
malhaya amen!
que de cariño lleno
de un hijo ingrato !lora el desdén.
Ay! Malhaya la pena
que al llanto me condena,
malhaya amen!

Cármen.

En lágrimas deshecho
no alcanza á ver,
que en mi amoroso pecho
su amargo llanto viene á caer.
De angustia el alma llena
el juicio le enagena.
Qué debo hacer?

Urbina.

Es padre, y padre bueno
y anciano es,
y de cariño lleno
de un hijo ingrato llora el desdén
Su estado me da pena,
y á oirle me condena!
Qué hacer! Qué hacer!

Arturo.

En su angustioso llanto,
de padre el amor santo
se deja ver.
                    (A Cármen.)
Tu espiritu serena,
pronto verás su pena
desparecer.

Vicenta.

Bien haya el tierno llanto
que en su cruel quebranto
se deja ver.
Embárgale la pena!
Tan dolorosa escena
no puedo ver.

Benigno.

Llorando está el cuitado.
Al ver su triste estado
lloro tambien.
Malhaya amen la pena
que á exceso tal condena.

malhaya amen.

CORO.

En su angustioso llanto,
de padre el amor santo
se deja ver.
La dolorosa pena
que al llanto le condena,
cuál puede ser?

VALERIANO.

Conque... digo... caballeros!
con franqueza y sin faltar!
si sois nobles... amparadme!
Os doy miedo?... já! já! já!

(Señalándoles con la mano convulsivamente.)

CORO.

Qué osadia! qué insolencia!

URBINA. (Adelantándose.)
Salga usted.

VALERIANO.

Salir?... Jamas!
Nada teme el que es honrado!
Sepan todos la verdad!
Una hija me han robado
y aquí dentro oculta está.
Vedme bien!... yo soy su padre!

(Señalando al coronel.)

y el ladron... já! já! já!

(Valeriano entre risa y sollozos señala alternativamente al coro, espresando un profundo dolor, y viene á sentarse en el banco balbuceando frases inconexas. Urbina acude á Carmen que se halla sumamente agitada, rodeada de Arturo, Benigno y Vicenta.)

URBINA.

Serena, hija mia,
tu pecho angustiado;
tu dicha es segura,

feliz eres ya!
Un padre querido
te tiende los brazos,
tu llanto serena,
de aqui no saldras.

(Urbina conduce á Cármen á la derecha, por donde desaparece conducida por Vicenta, Arturo y Benigno.

Coro.

Sin duda es su hija
la esposa de Arturo:
al fin de esta escena
no sé cuál será.
Quién es esa niña
que tanto merece?
Aqui hay un misterio
que es fuerza aclarar.

HABLADO.

URBINA. (Al coro que desaparece por la izquierda.)
Señores, solo un momento.
(A Valeriano que se levanta á su voz.)
Qué ha hecho usted?
VALERIANO. Eh? Qué he hecho yo?
URBINA. Usted no es buen padre: no!
VALERIANO. Eh?
URBINA. Está usted ya contento?
Usted me ha insultado á mí!
VALERIANO. Yo?... pues qué? pues yo, qué he hecho?
Yo vengo...
URBINA. Con qué derecho
se atreve usté á entrar aqui?
VALERIANO. Con qué derecho? Pues hombre...
me gusta!... con el mayor!...
Mi hija!... mi hija, señor!...
URBINA. No profane usté ese nombre!

Salga usted.
VALERIANO.   Que salga? Eso es!
Me echa usted de aqui?... es llano!
Me echa usted... como á un villano!
como á un miserable! Pues!
Piensa usted que sin derecho
estoy aquí? Enhorabuena.
Qué le importa á usted la pena
que despedaza mi pecho?
Qué le importa á usted que
suspire y solloce aquí?
Piensa usted porque hablo así
que vengo borracho? No.
Si van con débil aliento
las palabras de mi boca,
es que el llanto las sofoca!
que las ahoga el sentimiento!
Es que no hay nada que aflija
como el dolor con que vengo!
Es que en el mundo no tengo
más amparo que mi hija!
y no he de volver sin ella,
cuádrele á usté, ó no le cuadre.
Razon tengo: soy su padre;
y es tan justa mi querella,
que debiera mi afliccion
hallar aquí protectores;
pero estos nobles señores
tienen seco el corazon!
Y ultrajan de infame modo
la honra de un padre anciano!
Son caballeros!... y es llano,
eso lo autoriza todo!
Mas yo, aunque humilde he nacido,
tales infamias condeno!
Yo soy padre! Y padre bueno!

	y por mi hija he venido!
	y en vano es que usted exija
	que abandone mi querella;
	no salgo de aquí sin ella!
	Mi hija, señor, mi hija!
URBINA.	Su hija de usted vivirá
	feliz desde hoy á mi lado;
	el paso que usted ha dado
	la separa de usted ya.
	Ante una familia honrada
	llegó usted con malos modos,
	y usted declaró ante todos
	á su hija deshonrada.
	De su virtud, de su fé
	duda usted, y yo no dudo.
	La infamó usted. Yo la escudo.
	Yo la quiero más que usté.
VALERIANO.	Yo...
URBINA.	Sí: usted me ha insultado,
	y ofende á mi hija querida!
	Usted su padre? Usté olvida
	que un padre ha de ser honrado?
	Un padre es todo bondad'
	Padre usted? con qué razon?
	Titulos de padre son
	la honra, la providad.
VALERIANO.	Señor!
URBINA.	Y usted insultó
	á un padre, noble, leal!
	Busca usté á una hija... á cuál?
	Padre de Cármen soy yo!
VALERIANO.	Usté?
URBINA.	Es mi hija querida!
VALERIANO.	Ah! Perdon; ingrato fuí!
	La querrá usted siempre así?
URBINA.	Mientras me dure la vida!

VALERIANO. Oh! Me ha dicho usté unas cosas,
(Llevando la mano al corazon.)
que aqui... aquí me han herido,
Esas palabras que he oido...
son hermosas... muy hermosas!
Yo creí... ella es mi vida...
y por eso... ea!... faltó!—
Dice usté que ella?...
URBINA. Sí á fé!
Es mi hija! mi hija querida!
VALERIANO. Su felicidad primero!
Sea usted su padre... sí!
Si la quiere usted así...
URBINA. Con toda el alma la quiero.
VALERIANO. Ah! Gracias! Gracias, señor!
Déme usté á besar su mano;
gracias... gracias!
URBINA. Pobre anciano!
(Tendiéndole la mano.)
Es usté un hombre de honor!
VALERIANO. Soy honrado... no es verdad?
Usted lo dice... lo soy!
Ufano y dichoso voy.
Gracias por tanta bondad!—
Ella... ampara mi vejez!
Si algo obligan estas canas...
de hoy más... todas las semanas
yo vendré á verla una vez...
verdad? Soy padre... por eso,
de buena gana vendria
á buscar dia por dia
solo una caricia... un beso!
URBINA. (Alma bella!)
VALERIANO. Sin su amor...
qué fuera de mí? por qué...
ea! me voy!—No vé usté

	que estoy llorando, señor?
URBINA.	(Tendiéndole los brazos con espansion.)
	Pobre viejo!... Ven acá!
VALERIANO.	Qué hace usted?
URBINA.	Voto á mi nombre!
	Tender mis brazos á un hombre,
	y llamarle hermano!
VALERIANO.	Ah!

ESCENA ULTIMA.

URBINA.—VALERIANO.—CARMEN.—VICENTA, ARTURO y BENIGNO por la izquierda.—El CORO por la derecha.

CORO.	Bravo!
BENIGNO.	(Palmoteando.) Victoria!
URBINA.	Hijos mios!
(Al coro.)	Señores... ved. (Presentándole la mano) Valeriano...
	Gonzalez, de hoy más mi hermano!
ARTURO.	Padre!
VALERIANO.	Señor!
BENIGNO.	Voto á brios!
URBINA.	Sí, mis brazos!
VALERIANO.	Qué bondad!
VICENTA.	Y á mí!
CARMEN.	(Presentándola.) Es mi hermana.
VICENTA.	(En brazos de Urbina.) Oh!
BENIGNO.	(Con cómica solemnidad.) Donde pongo mano yo,
	nace la felicidad!
	(Urbina tiene á su izquierda á Cármen y Arturo; á su derecha á Vicenta y Valeriano.)
URBINA.	Basta de afanes prolijos!
	Hijos del pueblo... venid!
	Rico pueblo el de Madrid,
	que dá tan honrados hijos!

MUSICA.

CÁRMEN.

A la vista encantadora
de este instante suspirado,
de mi pecho enamorado
ya la pena se alejó.
Larga vida á mi alma ofrece
de contento y de ventura.
la esperanza hermosa y pura
que mi mente acarició.
            (A Arturo.)
De tu amor la fé sincera,
premiará mi fé constante.
Siempre amada, siempre amante.
á tu lado viviré.

Coro.

Larga vida á su alma ofrece
de contento y de ventura,
la esperanza hermosa y pura
que su mente acarició.

FIN.

Habiendo examinado esta zarzuela, no hallo inconveniente en en que su representacion sea autorizada.

Madrid 2 de Diciembre de 1859.—El Censor de Teatros, Antonio Ferrer del Rio.

PUNTOS DE VENTA EN MADRID.

Cuesta, calle de Carretas.
Moro, Puerta del Sol.
Durán, calle de la Victoria.

EN PROVINCIAS.

En casa de los comisionados del CENTRO GENERAL DE ADMINISTRACION.

EL TEATRO.
COLECCION DE OBRAS DRAMÁTICAS Y LÍRICAS.

EL INSPECTOR DEL DISTRITO,

COMEDIA

EN DOS ACTOS Y EN VERSO,

POR

DON EMILIO ÁLVAREZ,